呀！原来是这样丛书

令人好奇的历史谜团

四季科普编委会 编

中原出版传媒集团
中原传媒股份公司
河南电子音像出版社
·郑州·

图书在版编目（CIP）数据

令人好奇的历史谜团 / 四季科普编委会编． -- 郑州：河南电子音像出版社，2025.6. --（呀！原来是这样）．
ISBN 978-7-83009-535-2

Ⅰ．K209

中国国家版本馆CIP数据核字第2025KW2199号

令人好奇的历史谜团
四季科普编委会　编

出 版 人：张　煜
策划编辑：岳　伟
责任编辑：刘会敏
责任校对：戴梦迪
装帧设计：吕　冉　四季中天
出版发行：河南电子音像出版社
地　　址：郑州市郑东新区祥盛街27号
邮政编码：450016
电　　话：0371-53610176
网　　址：www.hndzyx.com
经　　销：河南省新华书店
印　　刷：环球东方（北京）印务有限公司
开　　本：787 mm×960 mm　1/16
印　　张：6.25
字　　数：62.5千字
版　　次：2025年6月第1版
印　　次：2025年6月第1次印刷
定　　价：38.00元

版权所有，侵权必究。
若发现印装质量问题，请与印刷厂联系调换。
印厂地址：北京市丰台区南四环西路188号五区7号楼
邮政编码：100070　　　电话：010-63706888

目录

大禹的家乡在哪儿 / 1

商纣王到底是不是暴君 / 5

越王的剑为什么不生锈 / 11

屈原为什么要投汨罗江 / 17

秦始皇为什么不立皇后 / 23

孟姜女哭倒长城了吗 / 27

"万岁"从何时开始只用于称颂皇帝 / 32

刘皇叔"三顾茅庐"是真的吗 / 38

刘禅是"扶不起的阿斗"吗 / 44

曹操为什么一直不肯当皇帝 / 49

武则天为什么长期住在洛阳 / 54

赵匡胤"黄袍加身"背后的谜团 / 59

"狸猫换太子"是真事吗 / 66

到底是谁杀害了岳元帅 / 72

朱元璋的丑画像为什么最多 / 79

郑和远航究竟暗藏哪些传奇之谜 / 85

乾隆皇帝为什么喜欢大贪官和珅 / 91

大禹的家乡在哪儿

小朋友，你听过大禹治水的故事吗？大禹是一位非常了不起的人物，他为了让天下的百姓不再受水灾之苦，亲率民众治理水患，曾三过家门而不入，经过十多年的努力，终于消除了水患。这种心系天下的奉献精神，感动了历代中国人。

爱动脑筋的小朋友也许会问："大禹的家乡在哪里呢？"这个看似简单的问题，其实难倒过不少学者，让我们去看看是怎么回事吧！

先了解大禹的故事吧

相传,禹是黄帝轩辕氏的玄孙,是中国第一个奴隶制王朝——夏朝的开创者,也是夏朝的第一位天子,后人称其为夏禹。禹不仅是一位英明的首领,更是一位深爱子民的仁君。他关心百姓疾苦,尽己所能为他们排忧解难。

尧、舜时期,黄河中下游洪水泛滥成灾,威胁着部落民众的生命安全。尧曾经任命禹的父亲鲧(gǔn)主持治理黄河水患,鲧采取水来土挡的策略治水,难以遏制滔天的洪水。鲧用了9年时间没有治水成功,后被处死。舜继尧以后,又任命禹治水。禹总结教训,率领中原各部落人民辛勤劳动10多年,终于疏通了河道,排除了水患,安定了民生。他全身心投入治水,曾三过家门而不入,一直战斗在治水第一线。他考察完中原的主要山脉、河流后,吸取了父亲采用堵截方法治水的教训,深刻认识到堵不如疏的道理,制定了高处凿通、低处疏导的治水策略,疏通水道,使得大水顺利地东流入海,终于消除了水患。禹治水有功,得到民众的爱戴,被尊称为"大禹"。

大禹的家乡到底在哪儿

相传,大禹的家乡在"涂山",但"涂山"到底在何地,却没有人能说得清。后来中国出现了不少名为"涂山"的地方,因而大禹的家乡到底在哪儿流传着好几种说法。

一种说法认为,大禹的家乡位于今浙江省绍兴市东南的会稽山,并且是大禹娶妻的地方。如今在会稽山下还真有个名叫"涂山"的村庄,村里流传着大禹曾娶本村一位会养蚕织绸的女子为妻的故事。但也有人说,大禹娶妻所在的"涂山"并不是在浙江,而是在"江州涂山县",也就是现在的重庆,并且重庆也建有大禹的祠堂。还有一种说法认为大禹的家乡在四川省北川羌族自治县。另外,也有人认为大禹的家乡在河南禹州,禹州至今流传着众多有关大禹的神话传说,如大禹出生、大禹劝父治水、大禹娶妻、三过家门而不入、禹凿龙门、禹王捉蛟、禹王锁蛟等；也有丰富的大禹遗迹，如诸侯山、禹妃庙、禹王庙、禹王山、禹王村、禹王锁蛟井等，与神话传说相互印证。

尽管关于大禹的家乡及相关故事流传甚广且说法不一，但无论大禹的家乡在哪儿，他作为中国古代伟大的治水英雄和贤明领袖，其治水的事迹和智慧都被人们铭记并传承至今。

"九州"到底是哪九个州

《尚书·禹贡》记载，大禹治水成功后，根据山川地理形势，将天下分为"九州"。之后，"九州"便成为中国的代称之一了。小朋友，你想知道"九州"是哪九个州吗？现在就告诉你吧，九个州的具体名称是：冀州、兖州、青州、徐州、扬州、荆州、梁州、雍州和豫州。

商纣王到底是不是暴君

看过电视剧《封神榜》的小朋友，一定对商朝的最后一位国君纣王印象深刻。传说他是一位有名的暴君，杀害忠臣良将，每日只知道饮酒作乐，不关心国家大事，天下百姓都十分痛恨他。他到底是不是这样呢？我们走进历史去看看吧！

纣王是他的真名吗

提起纣王，很多人以为这就是他的名字，其实这是他的谥（shì）号。谥号是君主时代帝王、贵族、大臣等死后，朝廷依其生前事迹所给予的称号。纣王的真名叫帝辛，是商王帝乙的儿子，也是商朝的最后一位国君。他无视国家大计，不体恤百姓疾苦，残害忠良，死后的谥号为"纣"。"纣"这个谥号就是残害正义、损害良善的意思。

纣王真是个十足的"坏蛋"吗

史书中记载，纣王是一位残暴无道的亡国之君。他在担任商王期间，不听大臣的劝谏（jiàn），整日寻欢作乐，对百姓施暴政，征重税，并滥杀无辜，因此遭到天下百姓唾弃。据记载，史书上罗列的纣王的罪行多达70余条。然而，历史上的纣王，真的坏到了这般程度吗？

对此，孔子的学生子贡提出疑问，他认为纣王是被"冤枉"的，是有人故意把全天下的种种罪行强加在他身上。后来，一些历史学家也同意这种说

法，他们研究了纣王的70余条罪行发生的时间次序，结果发现，纣王的这些罪行是随着时间的推移而逐渐增加的。也就是说，纣王的很多罪行是后人编造的。因此，纣王还真有被"冤枉"的可能性呢！

谁在背后丑化纣王

如果纣王是被"冤枉"的，那么丑化他的人又是谁呢？

有人认为，这是纣王别有用心的仇敌，恶意报复他。比如说纣王生活奢靡，暴虐荒淫，喜欢饮酒作乐、打猎游玩等，其实这可能是很多君王的共性，并非纣王一人独有。但这些罪行在纣王身上就显得骇（hài）人听闻，可能真有人在丑化他。

纣王难道就没有一点优点吗

纣王，尽管是亡国之君，但其身上并非全无闪光点。据说，他是一位博学多才、思维敏捷、身材高大、臂力过人的人。他非常聪明，面对一些复杂的情况时，能够迅速作出准确的判断。他还是一位大力士，传闻他可以徒手杀死一只老虎呢！还有人说，他只要用一只手抓住九头牛的尾巴，往后一拉，九头牛就会向后退。看来，纣王还是有优点的。小朋友，在日常生活中，我们要积极地发现并欣赏身边人的长处哦！

世上有"七窍玲珑心"吗

电视剧《封神榜》中有这样一个情节：妲己想要杀害忠臣比干，就说他有一颗"七窍玲珑心"，要比干挖心以供观看。"七窍玲珑心"到底是什么呢？真的有这样的"心"吗？

相传，拥有"七窍玲珑心"的人非常聪明，圣人都有一颗"七窍玲珑心"，即心脏上天生有七个洞，非常珍奇。不过，这些都只是传说而已。小朋友一定要明白，这种传说只是故事中的虚构元素。心脏是一个复杂的器官，它负责把血液输送到全身的各个部位，但它并没有所谓的"七窍"或"七洞"。小朋友，千万不要把这种传说当真啊！

越王的剑为什么不生锈

小朋友，你听说过越王勾践"卧薪尝胆"的故事吗？越王勾践为了复国，曾大力发展铸剑业，使得越国的铸剑水平很高。至今，浙江龙泉仍传承着优良的铸剑工艺，龙泉宝剑更是享有"天下第一剑"的美誉。

1965年，一支考古队在发掘一座春秋时期的古墓时，发现了一把越王勾践的佩剑，近剑格处有两行错金鸟篆文："越王鸠浅（勾践） 自乍（作）用鐱（剑）。"这把剑在地下埋藏了2000多年，竟然奇迹般地没有生锈，依然锋利无比。这究竟是怎么回事呢？别着急，马上你就知道答案啦！

卧薪尝胆的故事

春秋时期，吴王夫差倚仗国力强大，攻打越国。越国战败，越王勾践也被抓到吴国。吴王一心要羞辱越王，就让他去做一些只有奴仆才做的事。越王心里当然很不乐意，但他还是假装顺从。吴王生病时，勾践就在床前照顾；吴王出门时，勾践就主动牵马。吴王觉得勾践对自己很忠心，最后允许他返回越国。

勾践回国后，当然没有忘记在吴国当囚徒的耻辱。为了让自己牢记这个教训，他晚上就睡在柴草堆上（卧薪），用戈（一种兵器）当枕头；平时屋里吊着一只苦胆，吃饭和睡觉前都要尝一尝苦胆的滋味，以警示自己（史书最早的记载，只说越王尝胆，并没有说卧薪，卧薪之说是后来才有的）。不仅如此，他还重用范蠡、文种等贤臣，招纳有才德的人，发展生产，奖励生育，不断地加强军队训练，增强兵力。

后来，越国变得国富兵强，而吴国则一天天衰弱下去。公元前473年，越王勾践率领大军进攻吴国，把夫差围困起来，夫差自杀而死。吴国灭亡。越王勾践也成了春秋时期最后一个霸主。

你是不是觉得越王既聪明，又勇敢，还很有毅力呀？没错，他就是这样一个人！越王这么英勇善战，那他有没有什么特别的兵器呢？1965年，考古学家还真的在古墓中发现了他的一件"宝贝"呢！

重现人间的宝剑

1965年12月，湖北江陵（今荆州市荆州区）望山一号楚墓中出土了一件青铜铸成的宝剑。该剑通长55.7厘米，身宽4.6厘米。剑身满饰神秘的黑色菱形暗纹，看上去非常美观。剑格两面有花纹，并嵌以蓝色玻璃，整个造型显得高贵、典雅。近剑格处有两行错金鸟篆文："越王鸠浅　自乍用鐱。"专家考证，鸠浅就是勾践。这八字铭文也表明了剑主人的身份和地位。

越王勾践剑制作精良，历经2000多年，纹饰仍然清晰精美，寒光闪闪，毫无锈蚀，被誉为"天下第一剑"。

令人吃惊的神奇铸剑术

越王勾践剑出鞘时寒光闪闪，耀人眼目。让人吃惊的是，这把剑的剑刃精磨技术水平和现代人用机器生产出来的金属产品差不多。想一想：在越王勾践生活的那个年代，他们是怎么做到的呢？为什么这把剑能够"千年不锈"呢？

首先，剑本身铸造得好。随着我国科学技术的不断发展，"天下第一剑"的铸造奥秘慢慢被揭晓。越王勾践剑的含铜量为80%～83%，含锡量为16%～17%，还含有少量的铅和铁等其他成分，而铜是不活泼的金属，即使在常温下也不容易生锈。越王勾践剑因剑的各个部位的作用不同，铜和锡的比例也不一样。不同成分的配比在同一剑上又是怎样铸成的呢？专家们考证后认为是采用了复合金属

工艺，即两次浇铸使之复合成一体。这种复合金属工艺，世界上其他国家是到近代才开始使用的，而我国古代劳动人民在2000多年前就采用了。这不仅彰显了我国古代工匠的非凡智慧，在世界冶金史上也具有里程碑意义。

其次，古墓保护了剑。这把剑出土于楚国墓葬，楚墓有深埋密封的风俗，墓室几乎就是一个完全密封的空间，很好地隔绝了氧气。这也是剑没有生锈的一个原因。

最后，剑出土时紧紧插在漆木剑鞘里，而漆木剑鞘起到了一定的保护作用。

越王勾践剑见证了春秋末年的纷繁乱世，也承载了中国先进、灿烂的文明，所以把它称作"天下第一剑"或"王者之剑"实属当之无愧，实至名归。

怎样保护金属资源呢

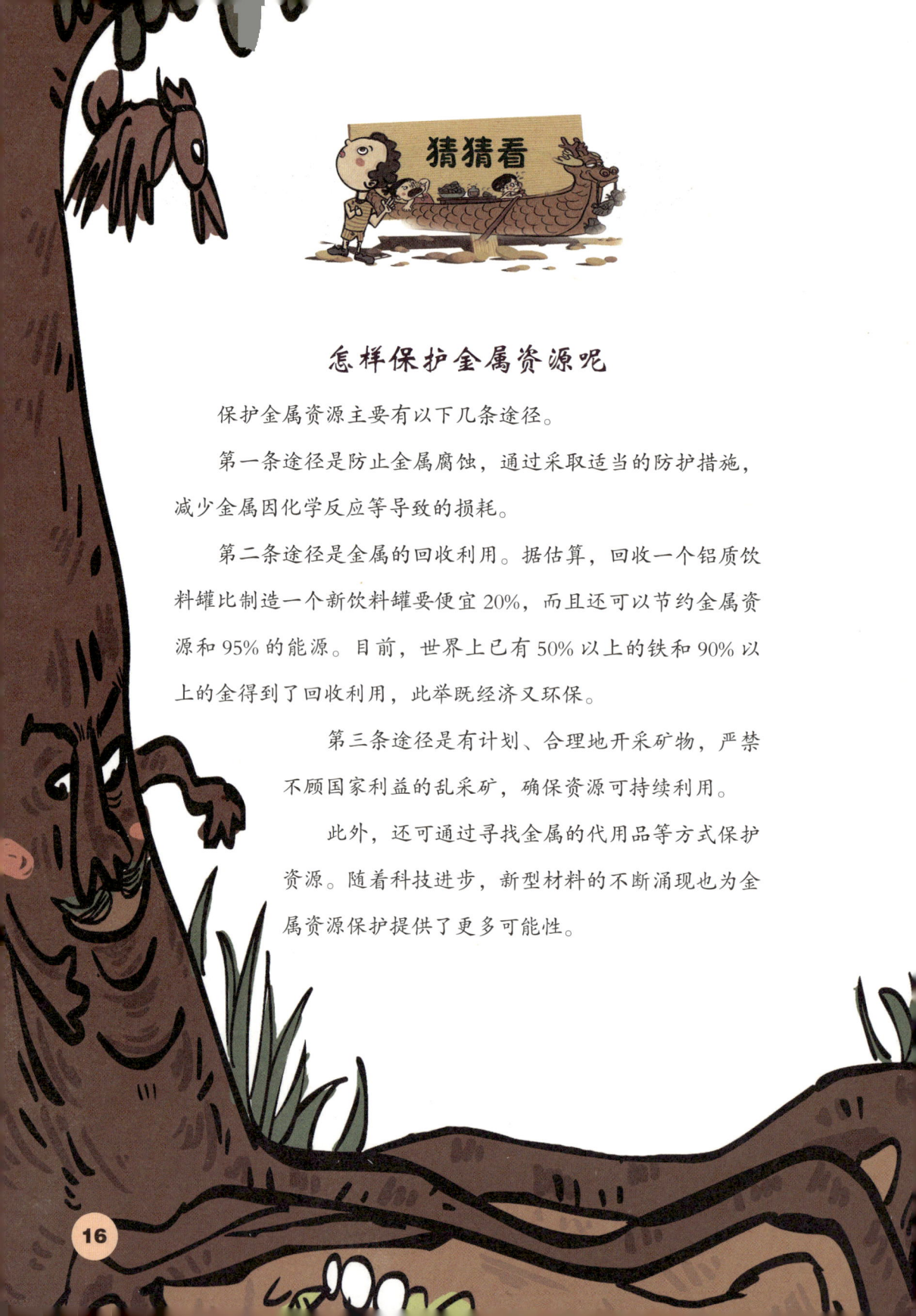

保护金属资源主要有以下几条途径。

第一条途径是防止金属腐蚀，通过采取适当的防护措施，减少金属因化学反应等导致的损耗。

第二条途径是金属的回收利用。据估算，回收一个铝质饮料罐比制造一个新饮料罐要便宜20%，而且还可以节约金属资源和95%的能源。目前，世界上已有50%以上的铁和90%以上的金得到了回收利用，此举既经济又环保。

第三条途径是有计划、合理地开采矿物，严禁不顾国家利益的乱采矿，确保资源可持续利用。

此外，还可通过寻找金属的代用品等方式保护资源。随着科技进步，新型材料的不断涌现也为金属资源保护提供了更多可能性。

屈原为什么要投汨罗江

提起端午节，小朋友一定不会感到陌生吧？这一天，人们不仅要吃粽子，而且有些地方还会举办龙舟比赛呢。可是，你知道这个习俗和屈原有什么关系吗？你知道屈原当初为什么投汨罗江吗？如果你们想了解有关屈原和端午节的故事，就快点往下看吧！

爱国诗人投江了

屈原，战国时期楚国人，著有《离骚》《九歌》《天问》等，是中国伟大的浪漫主义诗人之一，同时也是一位思想家、政治家。

屈原为楚国王室后裔，从小勤奋好学，胸怀大志。他早年深受楚怀王的信任，参与了很多国家大事。虽然屈原对楚怀王忠心耿耿，却屡次遭到小人的陷害与排挤，最后被流放。在流放过程中，屈原目睹了楚国的危难和百姓的疾苦。后来，秦国攻陷楚国国都，屈原得知后，在绝望和悲愤中投汨罗江（在今湖南省）而死，这一天正好是农历五月初五。

吃粽子和赛龙舟的由来

每年农历五月初五，是我国的端午节，有吃粽子、赛龙舟的习俗。这种世代沿袭的习俗，相传是纪念屈原的。那为什么要用这样的方式来纪念他呢？

据说，屈原投汨罗江后，有一天夜里，故乡的人们都做了一个相同的梦，梦见屈原回来了，他衣冠整齐，和生前一样。乡亲们很高兴，都围上去询问。只见他一边行礼，一边对乡亲们说："谢谢大家的一片盛情，楚国的百姓这么爱憎分明，还能记得我，我死而无憾了！"

谈话间，乡亲们发现屈原的身体大不如前了，便问道："我们给您送去的米饭，您吃了吗？"

屈原说："遗憾啊！你们送给我的米饭，都让河里的鱼虾吃了。"

乡亲们都很着急，问："怎样才能不让鱼虾吃掉呢？"

屈原说："倘若你们用箬叶把米饭包裹起来，做成带有尖角的角黍（shǔ），那些鱼虾见了，以为是菱角，就不会去吃了。"

于是，乡亲们就在端午节这天，用箬叶把米饭包好，投入汨罗江中。端午节过后，屈原又托梦

说:"你们送来的角黍,我吃到了一些,但还是有很多被鱼虾抢去了。"大家问:"有什么好法子让您吃到更多呢?"屈原说:"你们在投放角黍的船上,加上龙的标志就行了。因为鱼虾等水族都归龙王管理。到时候,鼓角齐鸣,桨桡(ráo)翻动,它们认为是龙王送来的,就再也不敢去抢着吃了!"

屈原说的"角黍",就是如今我们在端午节吃的粽子。

屈原投汨罗江的秘密

伟大的爱国诗人屈原投汨罗江自尽,小朋友,你对此一定深感惋惜和不解。其实,对于屈原投江的原因,世人一直有不同的说法。

有人说，屈原是因为他痛恨楚国朝政的混乱、腐败，是为了坚守自己高洁的操守、捍卫自己毕生所追求的理想才投江的。他曾经在文章中自比"幽兰"，不愿与混浊的世界同流合污。所以，他才选择投江自尽。

还有人说，屈原投江是殉国之举。众所周知，屈原非常热爱自己的国家。据说，他被流放之后，眼看着自己的国家沦陷，不忍心成为亡国之奴，所以，他才投江自尽。

关于屈原投江的真正原因，至今仍是一个谜，上面提到的两种说法也只是后人的推测与解读罢了。然而，不论屈原投江的动机如何，他所创作的那些优秀诗篇以及那种深沉的爱国精神，都是值得我们学习和传承的宝贵财富。屈原的文学才华和爱国情怀，已经超越了时空的限制，成为中华优秀传统文化中的重要组成部分，激励着一代又一代的中国人为国家的繁荣富强而努力奋斗。

屈原为何要自比"幽兰"

幽兰，以其独特的清香闻名于世。屈原为何自比"幽兰"呢？原来，幽兰静谧而优雅，虽不张扬，却能散发出一种清幽而与众不同的香气。屈原自比"幽兰"，意在表明自己拥有与幽兰相似的品质。他渴望像幽兰一样，散发出清新脱俗的芬芳，不愿与邪恶势力同流合污。他的这种自喻，既展现了他的高尚情操，也表达了他对世俗浊流的深深厌恶。

秦始皇为什么不立皇后

古代皇帝即位后通常会册封皇后，这是封建王朝的一种基本制度。但是，中国历史上却有一位皇帝一生都没有立皇后，他就是秦始皇！这在中国历史上可是一件让人好奇的事情呢！秦始皇为什么要这样做呢？让我们一起去看看吧！

秦始皇和黎姜的传说

秦始皇，嬴姓，名政。他是中国历史上第一位建立封建大一统国家的君主，也是中国历史上第一位皇帝。"皇帝"这个称谓，就是从秦始皇开始的。嬴政自称"始皇帝"，史称"秦始皇"。秦始皇统一了中国的货币和文字等，对中国乃至世界的历史都产生了重大影响。

秦始皇一生都没有立过皇后。不过，传说他喜欢的一个女人名叫黎姜，是赵国一位工匠的女儿，两人从小一起长大，感情非常好。秦始皇曾多次想要册封黎姜为皇后，但都被她拒绝了，而她又是秦始皇一生的最爱，所以秦始皇一生都没有册立皇后。

不过，这只是一个传说。有人认为秦始皇不立皇后另有原因。他们又是怎么说的呢？我们一起来看看吧。

秦始皇是个"自大鬼"

有人说，秦始皇过于自大，总觉得自己的功劳比"三皇五帝"都要大，没有人能超越他。所以，对册封皇后这件事，他的要求也很高，甚至高到连他自己也不知道到底什么样的女子才能配得上他。他左思右想，发现后宫中没有一个人能符合他的标准，所以也就一直没有册立皇后。

还有人说，秦始皇从小就养成了刻薄、多疑的性格。他志向高远，连年征战，平定四方，建立了有史以来第一个大一统的秦帝国。他担心自己一旦册立皇后，皇后会对他进行管束和牵制，妨碍他实现远大的理想。

竟然有人相信自己不会老

除了上面的说法，还有一种说法是：秦始皇认为自己可以寻找到长生不老药，如果自己立了皇后，就要立皇子来继承皇位，那不就等于承认自己有一天会死吗？所以，他选择不立皇后。

以上这些说法，都只是后人的各种猜测罢了。事实究竟怎样，恐怕只有秦始皇自己最清楚啦！

"三皇五帝"指的是谁呢

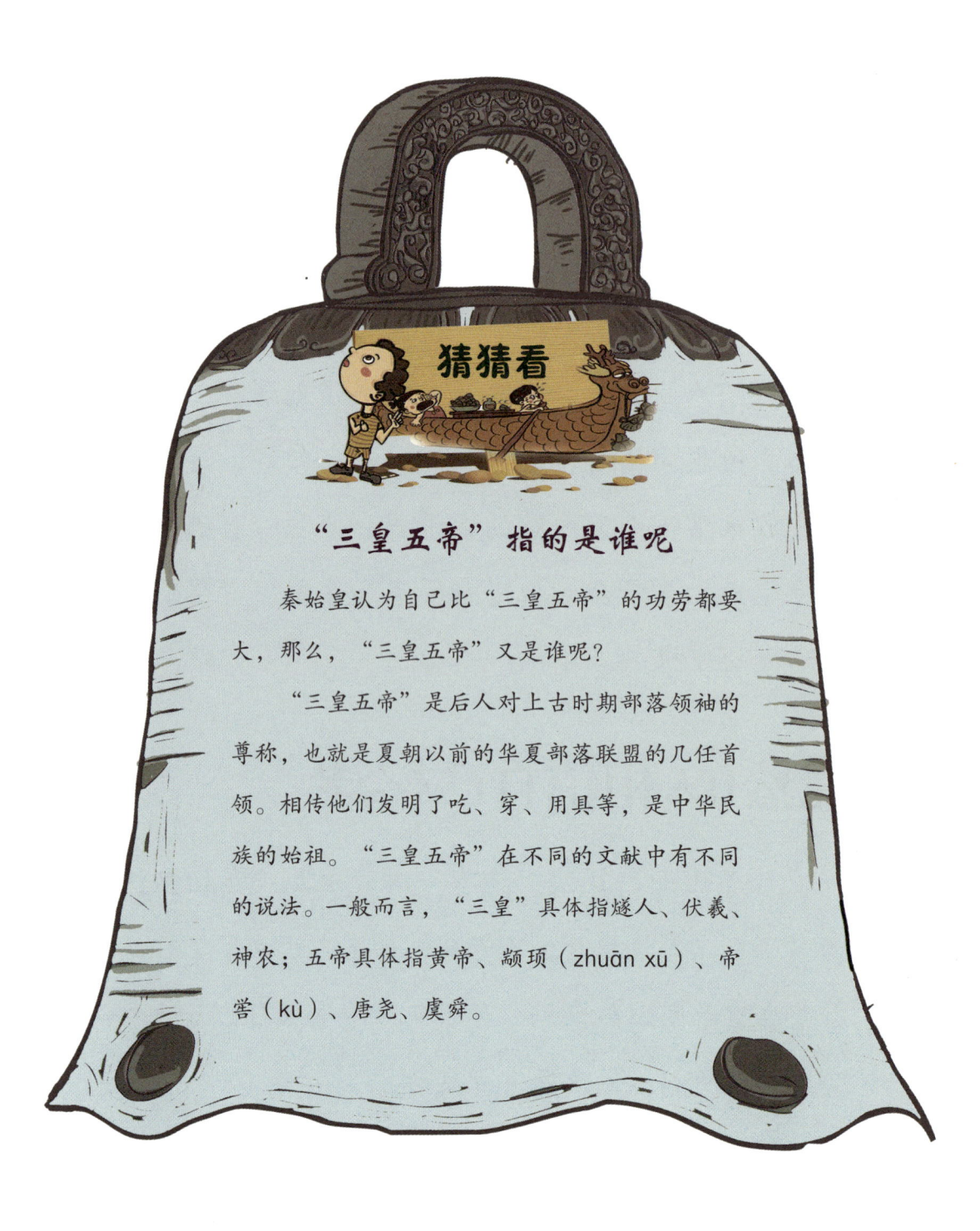

秦始皇认为自己比"三皇五帝"的功劳都要大,那么,"三皇五帝"又是谁呢?

"三皇五帝"是后人对上古时期部落领袖的尊称,也就是夏朝以前的华夏部落联盟的几任首领。相传他们发明了吃、穿、用具等,是中华民族的始祖。"三皇五帝"在不同的文献中有不同的说法。一般而言,"三皇"具体指燧人、伏羲、神农;五帝具体指黄帝、颛顼(zhuān xū)、帝喾(kù)、唐尧、虞舜。

孟姜女哭倒长城了吗

小朋友,你听说过长城吗?它是我国古代劳动人民创造的伟大奇迹,也是中国的一大标志性建筑。说起长城,还有一个传说,那就是"孟姜女哭长城"的故事。但是,这么雄伟壮观的长城,真的曾经被孟姜女哭倒过吗?历史上到底有没有这回事呢?让我们一起来寻找答案吧!

好凄凉的传说

相传在秦始皇时期，有一对夫妇——范喜良和孟姜女，两人刚成婚不久，忽然男的被征发到北方去修筑长城。范喜良和孟姜女被迫分开了。

一天一天过去了，范喜良杳无音信。孟姜女日夜思念自己的丈夫。她满怀着与丈夫相会的美好心情和希望，历尽千辛万苦来到长城边。可是，她的希望破灭了，范喜良早已在沉重的苦役下死去。她得知此消息后，非常伤心。她放声痛哭，哭声震动了天地。她悲愤的眼泪飞溅到城墙上，把长城冲塌了一道 20 千米长的缺口。

此后，山海关被认为是"孟姜女哭长城"之地，人们还在那里修了庙、塑了像纪念她。庙的周围，还有"望夫石""望夫山""振衣亭""姜女坟"等古迹呢。

孟姜女来过长城吗

孟姜女哭倒长城的故事是虚构的，因为孟姜女哭长城的地方是山海关，而山海关一带的长城属于明长城，不是秦长城。

但更多人相信，之所以会有这样的故事，是因为孟姜女的遭遇，得到了广大人民的同情；孟姜女哭倒长城的传说，也表明了暴力压迫下的千千万万人民的积愤及其所显示的力量。

不会吧，难道真有人哭倒过城墙

春秋时期，齐庄公在位时，齐国人杞梁在一次战役中阵亡。他的妻子听闻噩耗后悲痛欲绝，扑在丈夫的灵柩上痛哭。之后，齐庄公亲自到杞梁家吊唁。西汉时，这个故事的情节又有了一些变化，说杞梁的妻子哭倒了城墙，并投淄（zī）河而死。

不过，这些记述都没有提到杞梁姓范，也没有说杞梁的妻子是孟姜女。至明朝时，杞梁，姓氏变成了范或万,名字也写作"喜良",并且杞梁妻的称呼被改为孟姜女。这样看来,孟姜女哭倒长城的故事可能是由杞梁妻子哭倒城墙的故事演变而来的。

然而,范喜良和孟姜女对爱情的忠贞不渝,已经深深地留在后人的心中,成为一段传颂千古的佳话。即便是今天,他们的爱情故事依然能够触动人们的心弦,让我们感受到那份纯粹而深沉的情感。

你知道"秦长城"吗

公元前215年,秦始皇派大将蒙恬北击匈奴,并开始大规模修筑长城,还将战国时期燕、赵及秦国修筑的长城连接起来,加以修整,筑成了一道西起临洮(今甘肃岷县)、北傍阴山、东至辽东的秦长城。它也是举世闻名的"万里长城"。

"万岁"从何时开始只用于称颂皇帝

提到"万岁",我们会不自觉地想到古代的皇帝。"万岁",在古代是个不能轻易使用的称号。明朝时期,大宦官魏忠贤,尽管他内心从不把皇帝放在眼中,可当着外人的面,他也只敢自称为"九千岁"!那么,"万岁"从何时开始只用于称颂皇帝呢?让我们一起探究一下吧!

你知道"万岁"的意思吗

"万岁"一词,最初源于人们庆祝一年辛勤劳作后所使用的祝福语,寓意深远,承载着"永远存在"及"万寿无疆"的美好愿望。再后来,"万寿无疆"被人们简化成了"万岁"。不过,从什么时候

开始,"万岁"被用来专门称颂皇帝,仍是一个难以解开的谜。

啊!臣子也可以称"万岁"

有人说,从汉朝到唐朝,"万岁"并不是皇帝的专称,对臣子也可以称"万岁",真的是这样吗?

据说,按照汉朝当时的礼仪规定,对皇太子可以称"万岁"。而且,在当时的皇室中,有的人的名字就叫"万岁"呢!比如汉和帝的弟弟,名字就叫"刘万岁"。从汉朝到唐朝,臣子被称为"万岁"的事例还有很多呢!

谁把"万岁"变成皇帝的专称了

有人说,"万岁"作为皇帝的专称是从汉高祖刘邦开始的。刘邦出身卑微,即便做皇帝后,仍时常显露出草莽英雄的习性。大臣们认为,这样有损天子的威严,于是就制定了一套宫廷礼仪。这使刘邦觉得"我现在是皇帝了,应该有个皇帝的样子才行"。刘邦上朝时,殿上的群臣都称呼他"万岁"。这个"万岁"当然不是欢呼语,而是当时朝廷礼仪中的一部分。虽然这套礼仪被后世不断补充、修订得越来越完善,但是"万岁"成为皇帝的专称,却一直没有改变。

也有人认为,"万岁"是从宋朝开始才专门用来称呼皇帝的!传说,北宋大臣寇准乘马车出行时,在途中遇到一位精神病患者,该患者开口就叫他"万岁",寇准当时吓坏了!后来,这件事被寇准的政敌知道了,立即向皇帝上书告发他,结果寇准被贬职。北宋还有一位姓曹的人,一次喝醉了酒,让仆人称他"万岁",后来被人告发,杖责而死。

可见,宋朝时,除了皇帝,已经不允许任何人再称"万岁"了,就算是大臣被人误称为"万

岁",也有可能受到降职之类的惩处。如果一般百姓被人称"万岁",后果更不堪设想了!

瞧!这真是众说纷纭,不知道哪一个才是正确的答案。虽然说不清楚到底是从什么时候开始的,但有一点我们可以肯定:"万岁"成为皇帝的专称,绝对有一个发展演化的过程。

"万岁"有特殊的含义吗

前面说过"万岁"有"万寿无疆"的意思,可是小朋友,你知道吗?"万岁"其实还有另外一个含义,那就是"死期"。是不是觉得很不可思议呢?

古文中有这样一句话:"万岁之期,谓死也。"意思是,"万岁"可以用来表示"死期"。在古代,普通百姓死亡,通常用"卒""逝""谢世""不讳"等说法来表述,而皇室、贵族人员死亡,有时会用"万岁"。这个"死期"的意思和被人神化了的"万岁"的原意,真是相差太远了。

什么是"金文"

在西周金文中有许多"万寿无疆"的文字,那么,"金文"是什么呢?难道是用金子做成的文字吗?当然不是啦!

古人称铜为金,有些青铜器上铸刻有文字,所以这种文字被称为金文。又因多是铸刻在钟、鼎之上,故又称为钟鼎文、铭文。金文从商朝中晚期开始出现,数量较少;周朝青铜器上文字数量明显增加。金文的内容涉及祭祀典礼、政治、军事、经济、法律诉讼、婚姻等方面。

刘皇叔"三顾茅庐"是真的吗

你是否听说过刘皇叔"三顾茅庐"的故事呢？这个故事在《三国演义》中被描绘得活灵活现。小朋友，你知道为什么叫他"刘皇叔"吗？"三顾茅庐"的典故又是什么呢？到底谁先找的谁？别着急，让我们一同来探讨这些有趣的历史故事吧！

为什么叫他"刘皇叔"

在《三国演义》中,刘备常常自称"中山靖王刘胜之后",而且刘备还有一份世系清晰的家谱。之后汉献帝为刘备排世系时,发现刘备是自己的叔辈,于是就以"皇叔"称之,所以人们称刘备为"刘皇叔"。

刘备早年失去父亲,一直靠织席卖鞋为生。他为人谦虚恭敬,喜欢结交英雄豪杰。刘备从小就有远大

志向，一心想干一番大事业。后来，他结识了关羽、张飞，并在贤士诸葛亮的辅佐下，建立了蜀汉政权。

"三顾茅庐"的典故

东汉末年，天下大乱，群雄并起。曹操掌控了朝廷大权，挟天子以令诸侯；东吴孙权则坐拥江东，势力稳固。而刘备，作为汉室后裔，虽然心怀大志，但实力相对较弱，只能四处漂泊，依附于各路诸侯。刘备的身边虽有猛将关羽、张飞，但急需一位能够辅佐他成就大业的谋士。

司马徽和徐庶向刘备推荐说："诸葛亮是个奇才，你如果能够得到他的辅佐，便有可能成就霸业。"刘备听后大喜，决定亲自前往隆中拜访诸葛亮。207年的某一天，刘备和关羽、张飞打点好军中事务，三人就动身去往隆中。然而，当他们到达时，发现诸葛亮外出不在家，只得失望地回去。不久，刘备又和关羽、张飞冒着大风雪去请诸葛亮出山。然而，这次他们仍然未能见到诸葛亮。诸葛亮外出云游了。刘备就留下书信，说明自己的来意，并表达了对诸葛亮的倾慕之情，这才离去。刘备第三次去隆中，终于见到了诸葛亮。在交谈中，诸葛亮对天下形势作了非常精辟的分析，刘备十分叹服。这就是历史上被传为美谈的"三顾茅庐"的故事。

刘备和诸葛亮，谁先找的谁

"三顾茅庐"的故事流传至今，关于刘备与诸葛亮谁先拜访对方的问题，丝毫不影响它作为一段君臣相知、相互成就的佳话为人传颂。在罗贯中的《三国演义》及陈寿的《三国志·蜀书·诸葛亮传》等中，都描述了刘备为求贤才，不辞辛劳，三访隆中，终得诸葛亮出山辅佐的动人场景。而《魏略》和《九州春秋》中提及的，是诸葛亮主动求见刘备，并在一次会面中凭借其卓越的才华与战略眼光赢得了刘备的赏识与重用。

清代有学者提出一种调和的观点，认为或许是诸葛亮先主动求见刘备，但起初并未立即得到刘备

的青睐；其后在司马徽和徐庶的极力推荐下，刘备才真正认识到诸葛亮的非凡价值，最终成就了"三顾茅庐"的佳话。

在历史的浩瀚长卷中，诸葛亮和刘备究竟谁先拜访的谁，已不重要。重要的是"隆中对"，确实为刘备政权之后的走势指明了方向，其后三国的兴衰更替、风云变幻，皆源于此。诸葛亮对蜀汉的无私奉献，以及他对刘备坚定不移的忠诚，令人肃然起敬，感慨万千，成为历史上最为动人的篇章。这份忠诚与牺牲精神，如同璀璨星光，穿越千年时光，依旧照亮人心，成为后世颂扬不绝的佳话。

你了解诸葛亮吗

诸葛亮，字孔明，时人称"卧龙"。刘备三顾茅庐请他出山后，他就辅佐刘备，筹划军政大事，后被任命为丞相。刘备死后，蜀国的大小政事都由他来主持。诸葛亮忠于职守，公正无私，治蜀有方。他多次出师伐魏，终未成功，最后在行军途中病逝，践行了他说的"鞠躬尽瘁，死而后已"。

刘禅是"扶不起的阿斗"吗

小朋友,你或许听过"扶不起的阿斗"这句话。那么,你知道这是什么意思吗?"阿斗"又是谁呢?他是不是患了什么怪病,才像人们说的那样软得都"扶不起来"呢?如果你对历史上真实的"阿斗"感兴趣,那就快看看下面的精彩介绍吧!

谁是"阿斗"

三国时期蜀汉先主刘备之子刘禅，小名阿斗。223年，刘备病故后，刘禅继位，史称刘后主。阿斗做皇帝期间，有众多贤能之士辅佐他，如大家熟知的诸葛亮、费祎（yī）、姜维等。虽然有这些贤士的辅佐，但蜀国最终还是灭亡了，阿斗成为亡国之君。在很多历史记载和各类小说中，阿斗都被描述成一个无能的君主。人们常说的"扶不起"，是指懦弱无能，无法扶持成才。可是，真实的阿斗真是如此昏庸无能吗？对于这个问题，人们的说法不一。我们不妨先看看阿斗的一些故事，或许看完之后，你心里就会有自己的答案了。

"阿斗"有那么差劲吗

说起三国时期的聪明人，有人会想到曹操，有人会想到诸葛亮，但几乎没有人会想到阿斗。在人们的印象里，他是很无能的。不过，在三国时期，阿斗也算是做皇帝时间最长的人了。

小朋友想一想，在兵祸连年的年代，阿斗如果没有一点聪明才智，他能够做这么久的皇帝吗？很多人说，阿斗能够安稳地做皇帝，是因为有诸葛亮的帮助。可是，诸葛亮去世后，阿斗在治理国家过程中的一些所作所为，反倒让人觉得他并不愚钝。比如，他废除了丞相制度，加强了皇权；让蒋琬主管行政事务，让费祎负责军政事务，并让两人相互牵制，维持了政局的相对稳定。

他到底是不是"胆小鬼"

263年,魏国三路大军兵临城下,阿斗毫不犹豫地选择了投降。有人认为,阿斗选择投降是懦弱无能、毫无骨气的表现。但也有人认为,这实际上是阿斗经过反复权衡后作出的艰难抉择。当时,魏蜀两国实力悬殊,魏国兵强马壮,国力强盛,而蜀汉历经多年征战,国力早已衰微,兵力有限,在军事上难以与魏国抗衡。另外,蜀汉内部矛盾重重,益州本土势力不愿与魏国对抗,长期北伐更让国内矛盾激化。且西南地区自然条件恶劣,人烟稀少,迁都继续抵抗难以实现。阿斗深知继续抵抗只会让百姓受苦,而投降既能避免生灵涂炭,也能为自己的生存留一线生机。

真正的阿斗,究竟是一位昏庸无能、扶不起的君主,还是一位才智超群、大智若愚的聪明人呢?看了上面的这些故事,想必你心里也有自己的答案了吧?

"乐不思蜀"说的是谁

我们常常会听人说起"乐不思蜀"这个成语，你知道这个典故的由来吗？这个成语又说的是谁呢？

"乐不思蜀"的典故与刘备的儿子阿斗密切相关。阿斗投降后，魏元帝曹奂封他为"安乐县公"，并让他迁居魏国都城洛阳居住。阿斗虽然有官爵，但只是拿俸禄，没有实权。当时，魏元帝也没有实权，真正掌握大权的是司马昭。在一次招待阿斗的宴会上，司马昭故意安排乐队表演蜀地歌舞。阿斗的侍从想到已灭亡的蜀国，难过得流下眼泪。司马昭问阿斗想不想念西蜀，他说"此间乐，不思蜀"。这就是"乐不思蜀"典故的由来。

曹操为什么一直不肯当皇帝

小朋友，你看过电视剧《三国演义》吗？剧中有一位非常了不起的人物——曹操，他足智多谋，能征善战，是东汉末年最强大的一支军事集团的首领。以曹操的实力，他完全有能力废掉汉献帝，自己登上皇位，但是他却没有那样做。下面，就让我们一起来讨论一下，有实力的曹操为何不肯当皇帝的原因吧！

讲一讲曹操的趣事

曹操,字孟德,小名阿瞒,是东汉末年一位著名的政治家、军事家和文学家。

据说,曹操儿时贪玩,他的叔叔经常训斥他,曹操打心眼里讨厌这位叔叔。有一次,曹操略施诡计,他故意翻白眼、吐舌头来吓唬叔叔,并告诉叔叔自己犯头风病了。叔叔便将这件事告诉了曹操的父亲。曹父听后大吃一惊,急忙来找曹操,却看到曹操安然无恙。曹父问他:"叔叔说你犯头风病了,现在是好了吗?"曹操说:"我没有犯头风病啊,叔

叔那么说，是因为他不喜欢我，胡说的！"后来，叔叔再向曹父指责曹操时，曹父就不再相信了。

别看曹操小时候很顽皮，但是他聪明过人，才华横溢，有领导才能和战略眼光。东汉末年，先是爆发黄巾起义，后是董卓专权，导致天下大乱，各路诸侯起兵讨伐董卓。曹操作为其中的一路诸侯，十分注重网罗人才，同时把汉献帝接到许都（今河南许昌东），利用"挟天子以令诸侯"的策略，经过数年的征战，打败了强大的袁绍、袁术等拥兵割据的军阀，又平定了北方的乌桓，统一了北方。

不当皇帝对曹操有何好处

如果曹操想要废掉汉献帝而自己称帝，简直轻而易举，但他没有那样做。曹操心里究竟是怎么想的？他为什么不做皇帝呢？

有人说，曹操是个聪明人，他要塑造"忠臣"的形象，所以不做皇帝。这话很有道理。曹操心里明白，天下还有一些拥兵割据的诸侯，都是一心想要做皇帝的人。汉朝虽然名存实亡，但在百姓心里仍是正统，如果非汉室成员做皇帝，那就是"篡（cuàn）权"的反贼，得不到天下人的拥护，下场会很惨。聪明的曹操才不愿冒险去做傻事呢！

同时，曹操认为，自己拥戴汉献帝并担任丞相，正好借助汉献帝的正统名望，行事皆可以皇帝名义推行。即便事情办砸了，自身无损；若事情办成，还能为自己树立正面形象，受到百姓拥戴。这就是"挟天子以令诸侯"策略的高明之处啊！

天下没有统一，还不到称帝的良时

还有人说，曹操不做皇帝，是因为还没有击败刘备和孙权两大军事集团。那时，刘备和孙权的势力都还十分强大，天下没能统一，还不到称帝的时候。在局势不明的情况下，称帝是非常不明智的。

小朋友，关于曹操不做皇帝之谜，你认为上面哪一种说法更为可信呢？

曹操是坏人吗

东汉末年，曹操位高权重，根本不把汉献帝放在眼里，大多数人认为，曹操太霸道了，是个枭雄。小朋友，你知道吗？曹操不仅是一位"乱世枭雄"，还是一位"治世能臣"呢！

当时，曹操在北方兴修水利，提高了粮食产量，百姓也能安居乐业。曹操非常爱惜人才，只要有才华的人，他都会重用，让他们发挥出自己的长处。不仅如此，曹操还精通兵法，并且擅长诗文。你一定听说过"周公吐哺，天下归心"这句诗吧，它就出自曹操的《短歌行》。这句诗表达了曹操求贤若渴，要效仿周公礼待天下贤士的心愿。所以，我们可以看到，曹操不仅是一位有着强大统治力的领导者，更是一位怀揣着远大理想和抱负的杰出人物。

武则天为什么长期住在洛阳

小朋友，你一定听说过武则天这个名字吧？她是中国历史上唯一的女皇帝。在中国古代，女性的社会地位很低，别说做皇帝，就连做官都很难，但是武则天却做到了，由此可见她是多么不平凡。

武则天做了皇帝后，并不住在长安，而是长住洛阳。这到底是为什么呢？让我们一起去探究一番吧！

你知道武则天吗

武则天，本名叫武曌（zhào），是中国历史上唯一的女皇帝。

武则天14岁入宫，成为唐太宗李世民的"才人"。才人是指服侍皇帝的女子，地位较低。唐太宗病重时，武则天与唐太宗的儿子李治相恋。唐太宗去世后，武则天依唐后宫之例到感业寺为尼。李治继位后，又把武则天接入宫中，后封她为皇后。唐高宗李治患病期间，武则天代他处理朝政。唐高宗去世后，唐中宗李显继位，后被武则天废黜（chù）。武则天又改立李旦为帝，是为唐睿（ruì）宗。657年，唐高宗以洛阳为"东都"，684年，武则天改当时的"东都"为"神都"，自此武则天长居洛阳。

那么，武则天为何要选择洛阳作为武周（武则天建立的朝代）的政治中心呢？关于这个谜团，历史上有很多种说法。

武则天心里"有鬼"，不敢回长安

有人说，武则天为了当上皇后，曾陷害过王皇后和萧淑妃。对此，武则天心里一直不安，在长安居住时总觉得心里发慌，非常害怕，所以她不敢在长安居住，只好一直待在神都洛阳。

也有人说，武则天不回长安居住，是担心在那里保不住自己的皇位。原因是长安城里有很多李唐王朝的皇子、皇孙和忠于李唐王朝的大臣，武则天想要坐稳自己的皇帝宝座，就必须远离这股忠于李唐王朝的强大力量，为自己免去不必要的麻烦。

洛阳的地理位置和经济条件，比长安好

还有人说，武则天非常聪明，她长居洛阳，是因为洛阳是当时的政治、经济中心，适合做国都。唐朝建立以后，疆土不断扩张，长安的位置偏西，失去了居中而控驭天下的作用。而洛阳恰好处于唐

朝疆域的正中，非常适合做都城。

另外，在经济方面，洛阳所在的关东地区远比长安所在的关中地区繁荣。

女皇有哪些历史功绩呢

武则天统治时期，打击敌对的官僚贵族；同时大力发展科举制，创立殿试制度，亲自主持考试选拔人才，突破传统局限，广纳贤才，进一步巩固了统治根基。她延续贞观年间减轻人民负担的政策和措施，重视发展生产。她在位期间，社会经济得以持续发展，人口规模持续增长，边疆得到巩固和开拓。这些举措为唐玄宗开创"开元盛世"奠定了坚实的政治、经济与社会基础。

猜猜看

你了解武则天与骆宾王的故事吗

"初唐四杰"之一的骆宾王写得一手好文章,曾参加反抗武则天的队伍,并撰写声讨武则天的檄文。武则天读了檄文后,被骆宾王的才气深深折服,感慨不已,惋惜地说:"这么好的人才,没有得到重用,是宰相的过错!"这个故事说明武则天非常爱惜人才。

赵匡胤"黄袍加身"
背后的谜团

小朋友，你知道"黄袍加身""杯酒释兵权"和"烛影斧声"的典故吗？它们都和一个非常了不起的人物有关，那就是北宋的开国皇帝赵匡胤（yìn）。他以卓越的军事才能和政治智慧结束了五代十国的混乱，建立了一个相对稳定的王朝。现在，让我们一起踏上这段历史之旅，去探索赵匡胤"黄袍加身"背后的谜团吧！

"黄袍加身"的典故你知道吗

赵匡胤原本是后周朝廷中的大将军，统领着负责保护京城的军队，也就是禁军（古代保卫京城及宫廷的军队称为禁军。北宋时期，禁军特指国家正规军）。960年初，朝廷交给他一项很重要的

任务，那就是带领军队去北方抵挡强大的辽军和北汉军。

当赵匡胤的军队走到开封北边一个叫陈桥驿的地方时，发生了一件非常特别的事情。原来，军队里的一些谋士和将领，可能早就觉得赵匡胤是个能够带领大家过上安稳日子的好领袖。于是，他们悄悄地给赵匡胤准备了一件黄色的袍子。黄色，这在当时可是皇帝的专属色哦。

当军队停下来休息的时候，这些谋士和将领突然拿出黄袍，一下子披到了赵匡胤的身上，然后跪下来喊："万岁！万岁！"就这样，赵匡胤在大家的拥戴下，成了皇帝。

赵匡胤称帝后，改国号为宋，将开封称为东京，并作为都城。史称赵匡胤为宋太祖。

"杯酒释兵权"的典故你了解吗

宋太祖即位后的一天，与石守信等大将饮酒，酒兴正浓时，宋太祖说："我当上皇帝全靠你们，

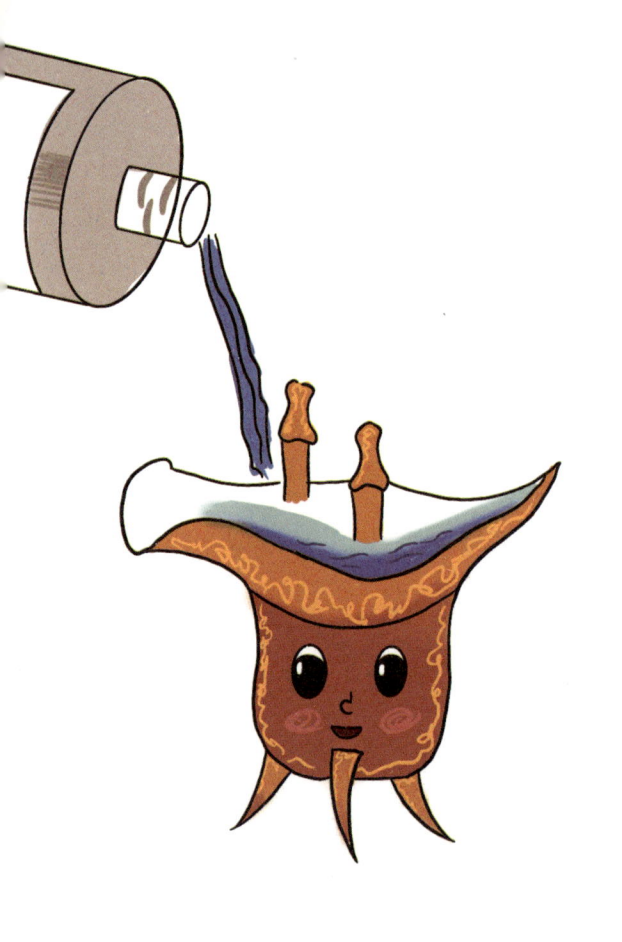

可现在我整夜都睡不安宁。"众将忙问其故，宋太祖答道："如果有一天，你们也被部下'黄袍加身'，你们也会身不由己啊。"众将知道他们受到宋太祖的猜疑，便请宋太祖指明一条生路。宋太祖让他们回家置产，享受清福。第二天，这些大将纷纷称病辞官，并请求朝廷解除自己的军职。赵匡胤都一一批准。这就是"杯酒释兵权"故事的来历。

这一事件不仅体现了宋太祖赵匡胤的政治智慧，也展现了他加强中央集权的决心。宋太祖深知唐末以来武将专权的积弊，首先解除禁军高级将领的兵权，牢牢地控制了军队。宋太祖还控制对军队的调动，使禁军将领有握兵之重而无发兵之权。他还经常调换军队将领，定期换防，割断将领与士兵和地方的联系，使兵不识将，将不专兵。另外，在中央和地方还采取了一系列措施，把中央集权强化到前所未有的程度，皇权大大加强。

宋太祖离世之谜

赵匡胤在去世前几天感到身体不适并随后病逝的说法，目前仍存在争议。尽管史料有所记载，但并未明确指出他患了何种疾病。考虑到赵匡胤去世

时年仅50岁，且此前一直身体健康，精力充沛，因此他的突然去世更显得不合常理。

关于赵匡胤的死因，民间和一些非官方史书中有不同的说法。其中，"烛影斧声"的传说尤为著名，该传说怀疑赵匡胤的弟弟宋太宗赵光义有杀兄篡位之嫌。

相传，在赵匡胤去世前的几个小时，他召见了弟弟赵光义入宫一同饮酒，并将所有的太监、宫女和妃嫔全部支走。在外围守候的人透过烛光，隐约看到赵光义在屋内走来走去。随后，赵匡胤拿起一把"柱斧"（水晶制的小斧子，用在礼仪场合）戳（chuō）地，并对赵光义说："好做！好做！"几个小时后，赵匡胤便在宫中突然去世。这一事件中的"烛影"指的是宋太祖兄弟两人饮酒时的身影，而"斧声"则是赵匡胤持斧戳地的声音。

由于缺乏确凿的历史证据，赵匡胤的真正死因至今仍是一个谜团，留给后人无尽的猜测与遐想。

你知道《清明上河图》吗

《清明上河图》是北宋时期画家张择端创作的长卷画作，完成于宋徽宗年间。此画长528.7厘米（一说528厘米），宽24.8厘米，被誉为中国十大传世名画之一，且为张择端仅存的传世精品，属国宝级文物。

该画以长卷的形式，巧妙地运用散点透视的构图方法，生动描绘了北宋都城东京（又称汴京，即今河南开封）汴河沿岸的自然风光与当时社会各阶层人民的生活情景。它不仅见证了北宋都城东京昔日的繁荣景象，也真实反映了北宋时期城市经济的状况，这一题材在中国乃至世界绘画史上都是独一无二的。

画卷中，作者精心绘制了数量庞大的各色人物，以及牛、骡、驴等牲畜，车、轿及大小船只，还有各具特色的房屋、桥梁、城楼等，这些元素展现了宋代的社会风貌。

《清明上河图》是我国美术史上的不朽之作，它不仅具有极高的历史价值，而且也展现了卓越的艺术价值。

"狸猫换太子"是真事吗

自古以来，宫廷中的秘闻总是让人津津乐道，其中发生在北宋时期的"狸猫换太子"的故事堪称传奇，自元代以来家喻户晓。

不过，我猜小朋友可能会好奇地问：历史上真的发生过"狸猫换太子"这件事吗？让我们去看看吧！

"狸猫换太子"的传说

"狸猫换太子"的故事源自元杂剧《金水桥陈琳抱妆盒》，后来被收录进清朝小说《三侠五义》。故事大概是这样的：宋真宗的两位妃子刘妃和李妃都怀有身孕，根据宫中惯例，谁先生下皇子，谁就有机会被封为皇后。一心想做皇后的刘妃，预感李妃会率先生下皇子，于是她就和后宫总管郭槐密谋陷害李妃。他们趁李妃分娩后昏睡时，让人用一只狸猫换走了刚出生不久的小皇子，还命令宫女寇珠将小皇子扔到金水河中溺死。然而，善良的寇珠于心不忍，她偷偷将小皇子交给宦官陈琳。陈琳机智地将小皇子藏在妆盒中，并安全地交给八贤王抚养。宋真宗误以为李妃生下的是怪物，愤怒之下把她打入冷宫。

不久，刘妃生下一个儿子，因此被册封为皇后，她的儿子也被立为太子。然而，多年后，刘妃的儿子突然患病，不幸夭折。这时，宋真宗膝下无子，便从八贤王的儿子中挑选一人过继过来，并将他立为新太子，而所选之人正是李妃的儿子。

刘皇后为了掩盖真相，竟下令纵火，欲将李妃烧死。所幸李妃在太监的帮助下逃出皇宫，来到陈州，以讨饭为生。几年后，宋真宗驾崩，太子做了皇帝，即宋仁宗。包拯到陈州放粮时，偶然遇见李妃，了解事情的真相后，将李妃带回开封，又巧妙地安排她与亲生儿子宋仁宗相见、相认。这一真相的揭露，令已是太后的刘妃惶恐不安，她自知阴谋败露，最终选择自尽。

小朋友，这个故事听起来确实非常引人入胜，充满传奇色彩，但这只是文学作品中的一个虚构故事，而非真实的历史事件。虽然它可能是基于某些历史背景或人物创作的，但其中的情节和细节大多是作者的想象。所以，我们在欣赏这个故事的同时，也要保持对历史的敬畏和尊重，不要将其当作真实的历史来接受哦！

宋仁宗认母是真事

"狸猫换太子"这一传奇故事之所以能够流传至今，是因为历史上确实有宋仁宗认母的事情。然而，真实情况与故事中的情节大相径庭。

宋仁宗的生母李氏，原本是刘妃的侍女，长得很漂亮。宋真宗宠爱刘妃，有意立她为后，奈何刘妃无子。为了解决这个问题，两人想出"借腹生子"的办法，让李氏侍寝。待李氏产子（即宋仁宗赵祯，初名赵受益），刘妃即刻夺子充作己出。之后，宋真宗立刘妃为后。

后来，赵祯做了皇帝，刘妃顺理成章成为太后。由于宋仁宗年幼，无法处理国家大事，刘太后开始垂帘听政。后来李氏身患重病，刘太后便晋升李氏为宸妃。第二年，李宸妃去世了。刘太后考虑到李宸妃毕竟是皇帝的生母，便下令以皇后之礼厚葬了李宸妃。

刘太后去世后，宋仁宗逐渐知道了自己的身

世，他既生气又伤心，对刘太后的做法感到不解和愤怒。这时，宰相劝他道："虽然刘太后做得不妥，可她以皇后之礼厚葬了李宸妃，说明她有忏悔之心。刘太后虽不是你的亲生母亲，可她也养育了你这么多年，你不能忘记呀！"后来，宋仁宗查清楚了自己的亲生母亲并未遭人迫害，也就原谅了刘太后。

由此可见，关于刘妃"狸猫换太子"的说法，实际上只是民间说书艺人虚构的故事，旨在增添传奇色彩罢了。

历史上的"仁宗认母"事件，与包拯并无直接关联。事实上，李宸妃在真宗乾兴元年之前便已离世，当时的包拯还只是一名普通百姓，且未曾踏足京城，自然不可能协助仁宗寻找生母。因此，我们在了解历史时，应以确凿的历史资料为依据，还原历史的本来面貌。

"垂帘听政"是什么意思呢

文中提到宋仁宗年幼时，刘太后"垂帘听政"。那什么是"垂帘听政"呢？简单来说，"垂帘"是指皇后或者皇太后坐在皇帝身后，再用竹帘子遮挡，听大臣们向皇帝汇报国家大事，参与朝政决策。

历史上有名的"垂帘听政"的皇后或皇太后有很多，比如汉朝的吕太后、邓太后，唐朝的武则天以及清朝的慈禧太后等。这些皇后或皇太后的"垂帘听政"之举，虽然有时会引起争议，但不可否认的是，她们在特定的历史背景下，为国家的稳定和发展作出了重要贡献。

到底是谁杀害了岳元帅

小朋友，你听说过岳飞的故事吗？他可是历史上有名的大英雄，特别是他率领的"岳家军"，在历史上很有名气呢！但就是这么一位大英雄，最后却被奸人陷害！他是被谁陷害的呢？事实真相又是什么呢？让我们一起寻找答案吧！

大英雄岳飞的故事

岳飞，南宋抗金名将，出身于河南汤阴的农家，因坚决抗击南侵的金国军队，最后被奸人所害。

岳飞的部队纪律严明，"冻死不拆屋，饿死不掳掠"，人称"岳家军"。岳飞统率的"岳家军"在郾城（今河南漯河郾城区）大败金军主力，并乘胜攻下了朱仙镇（今开封附近）。此时，岳飞上书请

示，此时正是消灭金军的大好时机，如果他能带领军队一路向北进发，一定能够取得胜利。但他请求北进的奏折一直没有得到回复，后来却在一天之内收到多道诏书，命令他班师回朝，不准北进。在这种情况下，岳飞不得不忍痛撤兵。

一年以后，岳飞被人诬陷谋反而入狱，最后被毒死。到底是谁杀害了岳飞？历史上对这件事又是怎么下的定论呢？

秦桧是不是凶手

人们普遍认为，秦桧以"莫须有"的罪名诬陷岳飞，他就是谋害岳飞的元凶！

据说，北宋末年，金兵第一次南侵时，宋统治集团中的主和派主张与金谋和，秦桧自告奋勇当了求和"使者"。之后秦桧被金兵俘虏，他就和金国贵族拉上了关系。后来，秦桧携带全家老少从金国回到南宋。当时正直的官员纷纷议论秦桧是奸细。更有人直言，秦桧很可能已经被金人收买，金人是故意放他回来的。当时，南宋军队中岳飞的兵力最强，而且他战功赫赫，遂成秦桧议和的最大障碍。

秦桧的卖国行为和宋高宗的投降意图契合，故深得宋高宗的信任，在回到南宋后的第二年就当上了宰相。宰相有生杀大权，杀害岳飞也是极容易的事情——这个说法看似合理，可有人却说，杀害岳飞的人并不是秦桧，而是另有其人。

"坏心眼"的宋高宗

有人说，杀害岳飞的真凶并非秦桧，而是宋高宗赵构，因为只有他才有权力下令杀害岳飞。据说，秦桧和刑部官员一起审理岳飞一案，曾请示宋高宗。宋高宗看了他们的上书后，赐岳飞死罪。由此可见，能下令杀害岳飞的人是宋高宗。

秦桧判过很多冤案，他死后，宋高宗为其他冤案受害者平反，还给他们恢复名誉，唯独对岳飞的案子却一直不闻不问。当时很多大臣上疏奏请为岳飞平冤昭雪，但宋高宗始终不予理会。所以，秦桧顶多算是杀害岳飞的帮凶，不是元凶。

小朋友不禁要问："岳飞是个大英雄，还打了好多大胜仗，宋高宗不奖励他也就算了，为什么还要杀害他呢？"是呀，宋高宗为什么要杀害岳飞呢？

据说原因有二。第一，岳飞一直希望能收复中原，把被金国掳走的徽、钦二帝迎回来。可岳飞没有想到的是，二帝迎回后，宋高宗就做不成皇帝

了。宋高宗绝对不会让岳飞实现这个目的，于是编造一些"莫须有"的罪名杀害岳飞，以保住自己的皇位。第二，宋高宗杀害岳飞，是因为顾忌岳飞的权力过大。岳飞曾上奏请示宋高宗立皇太子，按规矩，大臣不能干预皇帝立储之事。于是，宋高宗觉得岳飞是"多管闲事"，而且宋高宗的儿子早夭，他也忌讳听到立皇太子的事。何况岳飞手握重兵，一旦有变，宋高宗也拿他没有办法，所以他干脆杀了岳飞，除去心头大患。

通过上述分析，很多人更相信岳飞是被宋高宗和秦桧以"莫须有"的罪名杀害的。

"莫须有"罪名，何以服众

宋朝名将岳飞不幸被捕入狱，已经被解除兵权的大将韩世忠，心怀正义，质问当朝宰相秦桧，岳飞究竟犯了什么罪。面对质问，秦桧竟回应道："其事体莫须有。"意思是，虽然没有证据，但造反的罪或许有。此言一出，韩世忠愤怒难平，他愤慨地反驳道："'莫须有'三个字，怎么能让天下人信服？"自此，"莫须有"一词便成为凭空捏造罪名、无中生有的代名词。在正义与公道的天平上，这样的罪名如何能成立？又如何能让世人信服？

朱元璋的丑画像为什么最多

小朋友，你也许不了解明太祖，但你一定听说过那位了不起的皇帝——朱元璋。他不仅是明朝的开国皇帝，还是一位充满传奇色彩的历史人物。提起他，可能有人第一反应就是"他长得好丑"，这是为什么呢？让我们一起来寻找答案吧。

统治者的推动

明成祖朱棣（dì），身为朱元璋的儿子，是明朝的第三位皇帝。他也是最早强化朱元璋容貌非凡的人，尤其是通过渲染朱元璋身上诸如奇骨隆起、龙髯（rán）长郁等异像，精心塑造出一种"天子"之相。此举不仅彰显了朱元璋作为开国皇帝的超凡脱俗与天命所归，更深刻地强化了朱棣本人继承皇位的正统性与合法性，使其"靖难之役"后统治基础更为稳固，天命所归的观念更深入人心。

随着清朝的建立，清朝统治者刻意对朱元璋的形象进行某种程度的扭曲或贬损，以稳固新生政权、削弱前朝影响，包括丑化其画像。在此背景下，朱元璋的异像画非但未遭摒弃，反而因符合清朝的政

治需要而被保留改造甚至主动传播，致其画面内容与表现形式日趋繁复。特别值得注意的是，一些带有清朝服饰元素的朱元璋画像，可能是清朝时期创作或修改之作，这也进一步加剧了朱元璋的异像画在历史中的复杂性与多样性。

明朝人的猎奇心与"恶趣味"

晚明时期，社会思潮涌动，尽管朝廷颁布了一系列禁令以强化皇权，但随着朝政的混乱，中央对地方的控制力不断下降，已难以遏制民众的猎奇心与"恶趣味"。这一时期，朱元璋的形象受到更多负面描绘，为异像画的产生创造了条件。

在这样的社会氛围下，对朱元璋画像进行夸张甚至丑化的创作，非但未被视为禁忌，反而成为一种风尚，引发人们广泛的讨论与高度的关注。多数人无缘得见朱元璋的官方正像，这些充满想象与夸张元素的异像画，便在民间迅速流传开来，成为人们茶余饭后的热门话题。

百姓认可

朱元璋的画像流传至今，呈现出截然不同的两类。一类画像中，朱元璋圆脸饱满，气宇轩昂，正襟危坐，仪态威严。因其呈现的五官端正、气质高雅的特征，与明朝历代皇帝画像普通风格相似，加之朱元璋后代的遗传特征，故被广泛视为更接近朱元璋真实面貌的版本。另一类画像中，朱元璋长相怪异，额头和下巴突出，脸部中间向内凹陷，脸上

还有麻子。这类画像被民间称为"鞋拔子脸",也就是异像画。这种异像画能在民间广为流传并让人们深信不疑,实则是当时社会审美与信仰观念的产物。在古代,"奇貌"往往被视为非凡命运与天命所归的象征,朱元璋作为明朝的开国之君,其相貌上的独特之处自然被赋予了更多的神秘色彩。

朱元璋作为至高无上的皇帝,其形象在当时的艺术创作中必然受到严格的控制。由此可推,此类异像画能够在同一时期创作流传,或得到朱元璋本人及朝廷默许,甚至是主动引导——毕竟,借助超自然相貌来强化皇权、凸显天命的行为,是古代帝王惯用的政治手段之一。

至于"朱元璋的异像画最多"这一观点,虽然大部分民众认可,在历史上却缺乏确凿的理论支撑。事实上,任何关于历史人物的描绘与传说,都难免掺入后人的主观想象与再创造的成分。朱元璋的画像呈现出的异像,正是这一历史规律下的生动例证。

你了解朱元璋吗

朱元璋，原名朱重八，字国瑞。他出身于贫苦农民家庭，幼年时，曾以放牛为生，饱尝生活艰辛。17岁时父母双亡，他被迫到寺院里当了和尚。然而，时局动荡，寺庙亦难以为继，他不得不以行童之身，游食于淮西一带。正是在这段颠沛流离的岁月中，朱元璋磨炼出了非凡的意志与过人的智慧。后来，他参加了反元起义军，由于英勇善战和足智多谋，被推为领袖。他采取"高筑墙，广积粮，缓称王"的策略，逐步发展壮大，最终统一全国。

朱元璋是一位具有传奇色彩的历史人物，他从贫苦农民到开国皇帝的传奇逆袭，给草根阶层带去了希望。他的故事在中国历史上留下不可磨灭的印记，持续激励着后人勇敢追求梦想，勇于挑战命运。

郑和远航究竟暗藏哪些传奇之谜

小朋友，你知道郑和下西洋的故事吗？郑和可是我国乃至世界历史上都非常了不起的航海家哦！他的航海之旅规模大、时间长，是世界航海史上的壮举。小朋友可能会问，郑和是谁？"西洋"在哪儿？郑和下西洋最远到哪里？现在，让我们一起去探索吧！

郑和是谁，"西洋"在哪儿

郑和，原姓马，回族，云南人。明军攻克云南后，11岁的郑和被俘，随后被送进皇宫当了宦官。后来，他跟随燕王朱棣，屡建战功，被赐姓郑。朱棣称帝，是为明成祖。明成祖十分器重郑和，提拔他为宦官首长太监。因他小名是"三宝"，所以人称"三宝太监"。

郑和下西洋中的"西洋"，其实是一个地理概念，在不同历史时期含义有所不同。明初，人们把黄海、东海及其海外的海域称为"东洋"，而把今文莱以西的东南亚和印度洋一带海域及沿岸地区称为"西洋"。

船队规模到底有多庞大

1405—1433年，郑和受明成祖的派遣，率领船队7次出使西洋，时间之漫长，规模之浩大，在世界历史上前所未有。

郑和7次远航，船队最多时有船200多艘，最少的一次也有60余艘。其中最大的海船可乘千人，是当时世界上最大、最先进的海船。

郑和的船队有严整的编队，船只分工明确，分别承担载人、载货、运粮、装淡水等任务，还有战船护航。仅首次下西洋时，就有27000多人，其中有使臣、官兵、航海技术人员、宗教人士、翻译、医生、厨师、工匠等。

船队之间是如何保持联系的呢

在广阔的海洋上，郑和的船队为保证航行时的协调一致，想出了许多办法来互相传递信息。白天，他们以升旗作为信号；到了夜晚，他们挂起明亮的灯笼作为信号。要是遇到了大风大浪，天气糟糕到连灯笼都看不清了，那怎么办呢？别担心，他们用吹喇叭、敲锣打鼓的方式传递信息。

不仅如此，整支船队的行动，比如前进、后退、集合、升帆、抛泊等行动，都在统一号令下进行。

郑和的船队采用了当时世界上最先进的远洋航海技术，能够准确地测定航区、航线和船位，还能有效地利用季风、海流进行航行。他们真是既聪明又勇敢呀！

船队最远到哪里

郑和的船队先后到达亚洲和非洲的30多个国家和地区，足迹遍布两大洲的广阔海域，最远到达非洲的东海岸和红海沿岸。今天的越南、印度尼西亚、泰国、柬埔寨、马来西亚、斯里兰卡、印度、伊朗、沙特阿拉伯、索马里、肯尼亚、坦桑尼亚等国家，郑和的船队都曾访问过。

所到之处，郑和及其随行人员都要访问当地的首领，赠送物品，表达通好的意愿。他们不仅带去了中国的物品，还与当地居民进行了友好的贸易往来，促进了双方的经济和文化交流。在船队回国时，一些国家甚至派出了使者随行，希望进一步加深与中国的友好关系。例如，在第6次远航返回时，就有16个国家和地区的使团共计1200余人随船队来到中国。

郑和的远航，不仅增进了中国与亚非国家和地区的相互了解和友好往来，而且为人类的航海事业作出了伟大贡献。

你知道永乐盛世吗

小朋友,你知道"永乐盛世"吗?它是在明成祖朱棣统治时期出现的盛世局面。明成祖是明朝第三个皇帝,他即位后非常努力地治理国家,是一位非常有智慧和才能的皇帝。在政治、经济和文化等方面,他都推行了很多有效的措施,让国家变得富强,疆域辽阔。因为明成祖的年号是"永乐",所以后世史学家把他统治的这个时期叫作"永乐盛世"。

乾隆皇帝为什么喜欢大贪官和珅

小朋友,你知道和珅吗?他可是乾隆时期的大贪官,但乾隆皇帝很喜欢他,这是为什么呢?难道乾隆皇帝不知道他是个贪官吗?还是有其他原因?让我们一起去了解关于和珅的故事吧!

"苦孩子"变成大贪官

和珅，本名善保，字致斋，生活在乾隆与嘉庆年间。早年，和珅也是个"苦孩子"，3岁时失去了母亲，9岁时又失去了父亲，只剩下他和弟弟和琳相依为命。万般无奈之下，他们弟兄俩只好投奔亲戚。此后，和珅凡事都要看别人的脸色行事。

传说，和珅之所以会成为历史上有名的大贪官，与他年少时的经历有很大关系。和珅不愿看人脸色生活，在考入咸安宫官学后，发奋读书。他精通四种语言，更通读"四书五经"。后来，他被大学士冯英廉相中，冯英廉将自己的孙女嫁给了和珅。和珅很要强，为证明自己很优秀，他决心一定要做大官。

和珅曾经担任过很多职务，权力很大，乾隆皇帝非常信任他。清朝像他这样的官员还真没有几个呢！乾隆皇帝英明睿智，可他为什么会让大贪官和珅随时伴其左右呢？对于这件事，历史上有好几种说法。

和珅是**乾隆**肚子里的"蛔虫"

和珅是个精明人，他总能猜透乾隆皇帝在想什么，于是顺着乾隆皇帝的意思去办，自然能讨皇帝的欢心。另外，他还十分善于"拍马屁"，深得乾隆皇帝的喜爱。

据说，当时有一位官员向乾隆皇帝呈上奏折，反映国库中的金银快亏空了。和珅知道后，非常生气，请求乾隆皇帝命令这位官员再去查看国库中的金银是否真的亏空了，同时，他暗中派亲信向国库内藏入大量金银。结果，那位官员因奏折不符合事实，被降职。乾隆皇帝从此更加信任和珅。

和珅到底有多贪

和珅是个大贪官,这是事实。那么他究竟有多贪呢?和珅弄权20多年,在此期间,他不择手段地聚敛财物。嘉庆皇帝继位后,他被赐死,家产被查抄。据不完全统计,查抄的黄金有33500余两,白银300余万两,当铺75座,银号42座,还有大量的房产和地产,珍贵衣物、珠宝、古玩、洋货等不计其数。对109件查抄清单中的26件清单估价,即值2.2亿两白银,而当时国库每年的收入仅4000多万两,所以有"和珅跌倒,嘉庆吃饱"的说法。

小测试

1. 传说中"大禹治水"的地方在哪里?

   ① 黄河流域　　　② 长江流域

   ③ 淮河流域　　　④ 珠江流域

2. 刘备"三顾茅庐"的对象是谁?

   ① 徐庶　　　　　② 庞统

   ③ 诸葛亮　　　　④ 法正